Susanne Vogt

# Berühmten Persönlichkeiten lesend auf der Spur

## 22 spannende Lebensgeschichten zur Leseförderung



PERSEN

## Die Autorin

**Susanne Vogt** lebt und arbeitet in der Schweiz. Sie hat bereits zahlreiche Lehrmittel veröffentlicht.

2. Auflage 2022


AAP Lehrerwelt GmbH
Veritaskai 3
21079 Hamburg
Telefon: +49 (0) 40325083-040
E-Mail: info@lehrerwelt.de
Geschäftsführung: Christian Glaser
USt-ID: DE 173 77 61 42
Register: AG Hamburg HRB/126335


Wir verwenden in unseren Werken eine genderneutrale Sprache. Wenn keine neutrale Formulierung möglich ist, nennen wir die weibliche und die männliche Form. In Fällen, in denen wir aufgrund einer besseren Lesbarkeit nur ein Geschlecht nennen können, achten wir darauf, den unterschiedlichen Geschlechtsidentitäten gleichermaßen gerecht zu werden.

Autorschaft: Susanne Vogt
Covergestaltung: TSA&B Werbeagentur GmbH, Hamburg
Illustrationen: Katharina Reichert-Scarborough, Stefan Lucas (Kino S. 7; Evolution S. 31)
Satzpunkt Ursula Ewert GmbH, Bayreuth
Satz: Satzpunkt Ursula Ewert GmbH, Bayreuth
Druck und Bindung: Korrekt Nyomdaipari Kft., Budapest

ISBN: 978-3-403-20385-8
www.persen.de

# Inhaltsverzeichnis

# Vorwort

Leseförderung ist eine der wichtigsten Aufgaben in der Grundschule, die für den Sprachunterricht und auch für zahlreiche andere Fächer von besonderer Bedeutung ist. Lesefertigkeiten zu trainieren und zu festigen, ist daher für alle Kinder unerlässlich.

Vorrangiges Ziel dieses Buches ist es, die Fähigkeit des sinnentnehmenden Lesens zu schulen. Denn nur wer versteht, was er gelesen hat, kann auch einen Nutzen aus den dargebotenen Informationen ziehen.
Ein weiteres Augenmerk dieses Buches liegt auf der Entwicklung von Lesefreude. Auch deshalb sind die Texte nicht homogen gestaltet, sondern bieten auf abwechslungsreiche Weise Sachinformationen an. Nicht zuletzt sollen die kurzen Texte den Horizont eines jeden Kindes erweitern und neue Informationen über bedeutende Persönlichkeiten liefern. Somit ist auch eine fächerübergreifende Verzahnung mit anderen Unterrichtsfächern gegeben bzw. möglich.

**Materialien**
Zu jeder Persönlichkeit liegen drei Seiten Material vor: eine Seite Text sowie zwei Arbeitsblätter. Das Material weist stets eine einheitliche Struktur auf:

**Lebenslauf:** Der Lesetext in Form einer bedeutenden Personalie ist die Grundlage. Er ist bewusst immer ein bisschen anders gestaltet, um Abwechslung zu bieten und die geistige und lesetechnische Flexibilität der Kinder zu fordern und fördern.

**Detektivaufgaben:** Diese Seite vertieft das Erlesene. Mit den aus dem Text gewonnenen Informationen sollen die Kinder einen Steckbrief der Person anlegen und knifflige Fragen beantworten. Denn wer Gelesenes festhalten kann, zeigt, dass er verstanden hat.

**Zeitzeugen:** Diese Seite zielt auf die vertiefende Auseinandersetzung mit dem Textinhalt ab und überprüft das Leseverständnis. Sie bietet vielfältige Aufgaben, die alle das Textverständnis trainieren und kontrollieren.

**Differenzierung**
Einige Arbeitsblätter beinhalten Zusatzaufgaben für schnell arbeitende Schüler[1], welche durch dieses Pikto gekennzeichnet sind.

**Partner- oder Gruppenarbeit**
Wenn gewünscht, können die Texte in Kleingruppen gelesen oder die Arbeitsblätter von Schülerteams bearbeitet werden. Dies schult nicht nur die Lesefähigkeit, sondern fördert auch die Kooperations- und Teamfähigkeit der Schüler.

Nun wünsche ich Ihren Schülern viel Freude als „Museums-Detektive“.

*Ihre Susanne Vogt*

[1] Wir sprechen hier wegen der besseren Lesbarkeit von Schülern bzw. Lehrern in der verallgemeinernden Form. Selbstverständlich sind auch alle Schülerinnen und Lehrerinnen gemeint.

# Thomas Alva Edison – Lebenslauf

*Lies genau. Male eine Erfindung Edisons.*

Strom in unseren Wohnungen und Häusern zu haben, ist für uns ganz normal. Aber früher gab es das noch nicht. Zum Glück hat Thomas Edison das Kraftwerk erfunden. Damit konnte elektrischer Strom in großen Mengen hergestellt werden.

Im Februar 1847 wurde Thomas Alva Edison im amerikanischen Bundesstaat Ohio geboren. Er wuchs in einem behüteten Elternhaus auf. Er ging nur ein paar Monate zur Schule und wurde danach zu Hause von seinen Eltern unterrichtet.

Schon als Kind experimentierte Thomas gerne. Um sich das Geld für seine Versuche zu verdienen, verkaufte er Zeitungen in einem ausgedienten Zugwaggon. Dieser Gepäckwagen wurde später auch sein Labor.

Was aber hat Thomas denn nun alles erfunden? Sehr viele nützliche Dinge! Über 1000 Erfindungen hat er sich ausgedacht. Neben dem Elektrizitätswerk hat er auch die Vorläufer unseres heutigen Handys, der Stereoanlage, der Fertighäuser und des Kinos erfunden. Er hat sogar die Erfindungen von anderen Menschen verbessert, zum Beispiel das Telefon und die Glühbirne.

Diese Erfindungen brauchten Strom, damit sie funktionieren konnten. Zur Zeit Thomas Edisons kam der Strom aber noch nicht wie heute einfach aus der Steckdose. So erfand er Schalter, Kabel, Messgeräte, Sicherungen und Zähler und natürlich das Elektrizitätswerk, um Strom in großen Mengen produzieren zu können. Das erste Kraftwerk wurde 1882 mitten in New York gebaut. So konnten viele Häuser gleichzeitig mit Strom versorgt werden.

# Thomas Alva Edison – Detektivaufgaben

*Fülle den Steckbrief aus.*

Name:

______________________________

______________________________

Beruf:

______________________________

______________________________

Geburtsjahr:

______________________________

Geburtsort/Geburtsland:

______________________________

______________________________

Besondere Leistungen:

______________________________

______________________________

______________________________

*Bearbeite die Detektivaufgaben.*

1. Wo genau experimentierte Edison?

______________________________

2. „Sein Licht brennt weiter". Was könnte das bedeuten?

______________________________

______________________________

______________________________

3. Überlege, für was alles bei dir zu Hause Strom gebraucht wird.

______________________________

______________________________

______________________________

Zu Edisons Beerdigung wurden übrigens alle Lichter in ganz Amerika für eine Minute gelöscht. Die Menschen wollten ihn ehren und an seine große Erfindung erinnern. Doch „sein Licht brennt weiter" – auch heute noch.

# Thomas Alva Edison – Zeitzeugen

Edison hat nicht nur eigene Erfindungen gemacht, sondern auch die Erfindungen anderer Menschen verbessert.

*Unterstreiche in jedem Text, was Edison erfunden oder verbessert hat.*
*Klebe zu jeder Beschreibung das passende Bild auf.*
*Schreibe auch den passenden Begriff dazu.*

| | |
|---|---|
| Edison erfand zwar nicht die Glühbirne, aber das Gewinde zum Festdrehen der Glühbirne in der Fassung. Er entdeckte den Glühfaden aus Kohlefaser. Damit konnten Glühbirnen länger brennen, stanken nicht und waren wesentlich ungefährlicher als Gas- und Petroleumlampen. | |
| Im Jahr 1889 erfand Edison den Kinetografen. Das war eine Maschine, mit der man bewegte Bilder aufnehmen und zeigen konnte. Er produzierte so sogar kurze Filme von zehn Minuten Dauer. Das war damals eine wahre Sensation und der Vorläufer unserer heutigen Kinos. | |
| Auch das Telefon wurde nicht von Edison erfunden. Aber er verbesserte die Technik so, dass auch Menschen, die weit auseinander wohnten, telefonieren konnten. Die zweite Verbesserung von Edison war die Trennung von Hör- und Sprechmuschel. Vorher musste man den Hörer nämlich immer zwischen Ohr und Mund hin und her wechseln. | |

# Ole Kirk Christiansen – Lebenslauf

*Lies genau. Male Christiansens Erfindung.*

Kennst du das? Du baust ein Kunstwerk aus Holzklötzen und kurz bevor du fertig bist, fällt es um. Die ganze Arbeit war umsonst!

Dieses Problem kannte auch Ole Kirk Christiansen. Er erfand Klemmbausteine, die man zusammenstecken konnte. Sie sind heute in fast jedem Kinderzimmer zu finden: Legosteine.

Der Erfinder Ole wurde 1891 im dänischen Billund geboren und war Tischler und Spielzeugmacher. Anfangs stellte er nur Holzbausteine her, bis er im Jahr 1949 die Idee mit den Legosteinen hatte. Für seine genoppten Klötze benutzte er einen speziellen Kunststoff. Der war damals noch ziemlich neu auf dem Markt. Die Legosteine gab es anfangs nur in Dänemark. Aber im Laufe der Jahre wuchs die Firma und wurde weltbekannt.

Ole wollte seine neue Erfindung schützen, damit niemand seine Idee stehlen und die gleichen Bausteine herstellen und verkaufen konnte. Deswegen meldete Ole ein Patent an. Er wurde als Erfinder der Legosteine eingetragen. Heute ist das Patent allerdings erloschen und auch andere Spielzeughersteller dürfen die Klemmbausteine produzieren und verkaufen. Sie werden in vielen verschiedenen Formen und Farben hergestellt.

# Ole Kirk Christiansen – Detektivaufgaben

*Fülle den Steckbrief aus.*

Name:

____________________

____________________

Beruf:

____________________

____________________

Geburtsjahr:

____________________

Geburtsort/Geburtsland:

____________________

____________________

Besondere Leistungen:

____________________

____________________

____________________

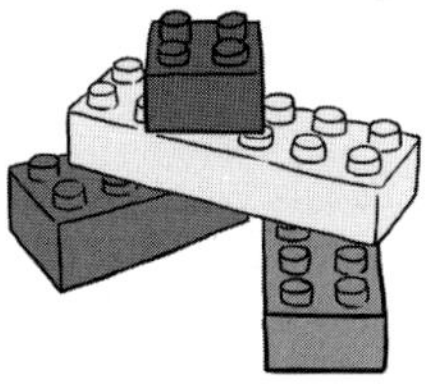

*Bearbeite die Detektivaufgaben.*

1. In welchem Land wurden die Legosteine erfunden?

________________________________________

2. Was bedeutet „lego“ auf Deutsch?

______________________________

______________________________

3. Was ist ein Patent?

______________________________

______________________________

______________________________

______________________________

______________________________

Der Name Lego kommt übrigens von „leg godt“. Das ist Dänisch und bedeutet „spiel gut“.

# Ole Kirk Christiansen – Zeitzeugen

Dieser Zeitungsbericht über Ole ist schon ein paar Jahre alt. Leider sind nicht mehr alle Wörter erkennbar.

*Kannst du die fehlenden Wörter einsetzen?*

verkaufen | stehlen | Farben | Erfindung | geschützt | Welt

Patent | Dänemark | produzieren | Klemmbausteine

Spielzeughersteller | Jahre | Erfinder

Ole Kirk Christiansen lebte in ____________________.

Er war ____________________. Eines Tages erfand er ____________________, die als Legosteine auf der ganzen __________ bekannt wurden. Ole wollte seine neue ____________________ schützen, damit niemand seine Idee ________________ und die gleichen Bausteine herstellen und ____________________ konnte. Deswegen meldete Ole ein ________________ an. Durch das Patent war seine Erfindung ____________________. Er wurde als ____________________ der Legosteine eingetragen. Das Patent war 20 ______________ lang gültig. Heute ist der Patentschutz erloschen und auch andere Spielzeughersteller dürfen die Klemmbausteine ______________________ und verkaufen. Sie werden in vielen verschiedenen ________________ und Formen hergestellt.

# Leonardo da Vinci – Lebenslauf

*Lies genau. Male eine Erfindung da Vincis.*

Der Mann, den du heute kennenlernst, lebte vor 500 Jahren. Er war sehr gebildet und kannte sich in vielen Gebieten sehr gut aus, zum Beispiel in der Malerei, in der Baukunst und in der Wissenschaft. Außerdem war er Erfinder. Weil er in vielen Bereichen so viel Wissen hatte, wird er auch als Universalgelehrter bezeichnet.

Leonardo da Vinci wurde im Jahr 1452 in Italien geboren. Das war im späten Mittelalter. Seinen Nachnamen hat Leonardo übrigens von dem kleinen Bergdorf Vinci, aus dem er kam.

Die Mona Lisa ist Leonardos berühmtestes Gemälde. Er machte aber auch sehr genaue Zeichnungen des menschlichen Körpers, die sogar Knochen, Muskeln und Organe zeigten. Eine dieser Zeichnungen ist besonders bekannt geworden. Sie ist auf der italienischen 1-Euro-Münze zu sehen.

Leonardo hatte viele Ideen. Er träumte auch vom Fliegen und baute Vogelflügel nach. Leonardo fertigte viele Zeichnungen zu seinen Fluggeräten an. Die „Luftschraube" hatte zum Beispiel schon einige Ähnlichkeiten mit dem heutigen Hubschrauber. Der erste richtige Hubschrauber wurde allerdings erst viele Hundert Jahre nach da Vincis Lebzeiten gebaut.

# Leonardo da Vinci – Detektivaufgaben

*Fülle den Steckbrief aus.*

Name:

______________________

______________________

Beruf:

______________________

______________________

Geburtsjahr:

______________________

Geburtsort/Geburtsland:

______________________

______________________

Besondere Leistungen:

______________________

______________________

______________________

*Bearbeite die Detektivaufgaben.*

1. Auf welcher Münze ist eine berühmte Zeichnung da Vincis zu sehen?

______________________

2. Woher hat Leonardo da Vinci seinen Nachnamen?

______________________

______________________

______________________

3. Was ist ein Universalgelehrter?

______________________

______________________

______________________

Leonardo da Vinci interessierte sich neben Flugmaschinen übrigens auch für Unterseeboote. Auch dazu fertigte er Zeichnungen an.

# Leonardo da Vinci – Zeitzeugen

Über die Jahre sind die Informationen über da Vinci durcheinandergeraten. Kannst du sie sortieren?

*Verbinde die Satzhälften.*

| | |
|---|---|
| Leonardo da Vinci wurde | von seinem kleinen Heimatdorf Vinci. |
| Er war sehr gebildet und | vor über 500 Jahren geboren. |
| Leonardo mochte die Malerei, | Leonardos berühmtestes Gemälde. |
| Weil er in vielen Bereichen so viel Wissen hatte, | kannte sich in vielen Wissensgebieten gut aus. |
| Seinen Nachnamen hat Leonardo übrigens | vom Fliegen. |
| Die Mona Lisa ist | die Baukunst und die Wissenschaft. |
| Er machte aber auch sehr genaue Zeichnungen | auf der italienischen Eineuromünze zu sehen. |
| Eine dieser Zeichnungen ist | wird er auch als Universalgelehrter bezeichnet. |
| Da Vinci träumte auch | des menschlichen Körpers. |

# Johannes Gutenberg – Lebenslauf

*Lies genau. Male Gutenbergs Erfindung.*

Bücher gibt es schon sehr lange, vor allem Bibeln. Doch früher konnten sich nur reiche Menschen Bücher leisten. Die Herstellung eines Buches war sehr teuer. Bücher wurden nämlich oft von in Klöstern lebenden Mönchen von Hand auf wertvolles Papier abgeschrieben und die Bilder von Buchmalern einzeln gemalt. Das dauerte lange. Wer an einem Buch mitwirkte, durfte sich keinen Fehler erlauben. Stell dir vor, was sonst passiert wäre!

Im Jahr 1450 hatte Johannes Gutenberg aus der Stadt Mainz in Deutschland eine Idee. Damals war er etwa 50 Jahre alt. Schon lange hatte er überlegt, wie er Lesestoff für alle Menschen zugänglich machen und Bücher schneller produzieren konnte. Gutenberg wollte, dass alle Menschen lesen und schreiben lernen können.

Er produzierte einzelne Buchstaben aus Blei. Diese setzte er in einem Setzrahmen zu Wörtern zusammen. Das war eine völlig neue Erfindung, auf die vor Gutenberg noch niemand gekommen war. Mit diesen einzelnen Buchstaben, die auch Lettern genannt werden, setzte er eine ganze Seite mit Text. Er färbte die Lettern mit Druckerschwärze ein und druckte die gleiche Seite in der Druckerpresse einmal, zweimal, dreimal – so oft, wie er wollte!

Durch Gutenbergs Erfindung konnten Texte in großen Mengen produziert und Informationen schneller verbreitet werden. Gedanken und Wissen erreichte dank des kleinen Druckermeisters aus Mainz die ganze Welt. Papier wurde plötzlich in großen Mengen gebraucht, um die vielen Bücher herstellen zu können.

# Johannes Gutenberg – Detektivaufgaben

*Fülle den Steckbrief aus.*

Name:

Beruf:

Geburtsjahr:

Geburtsort/Geburtsland:

Besondere Leistungen:

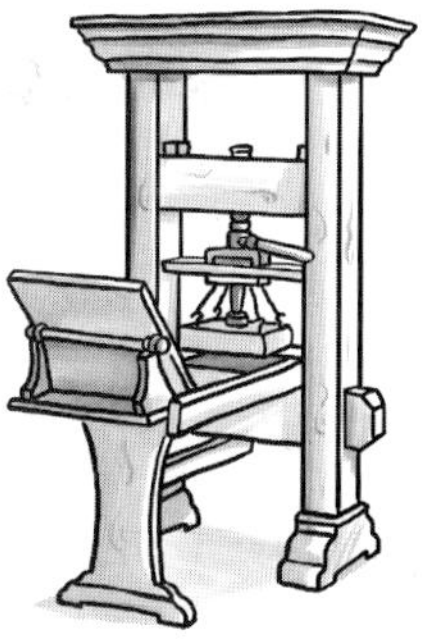

*Bearbeite die Detektivaufgaben.*

1. Wie entstanden Bücher vor Gutenbergs Erfindung? Beschreibe.

2. Welchen Vorteil brachte seine Erfindung?

3. Wie ist wohl das Wort „Papier" entstanden?

Heute besteht Papier aus einer dünnen Schicht von gepresstem und getrocknetem Holzbrei.
Früher im alten Ägypten wurde Papyrus verwendet, welches aus den Stängeln der Papyruspflanze hergestellt wurde.

# Johannes Gutenberg – Zeitzeugen

Die Mitarbeiter einer alten Druckerei möchten Wörter setzen.
Kannst du ihnen helfen?

*Löse das Kreuzworträtsel.*

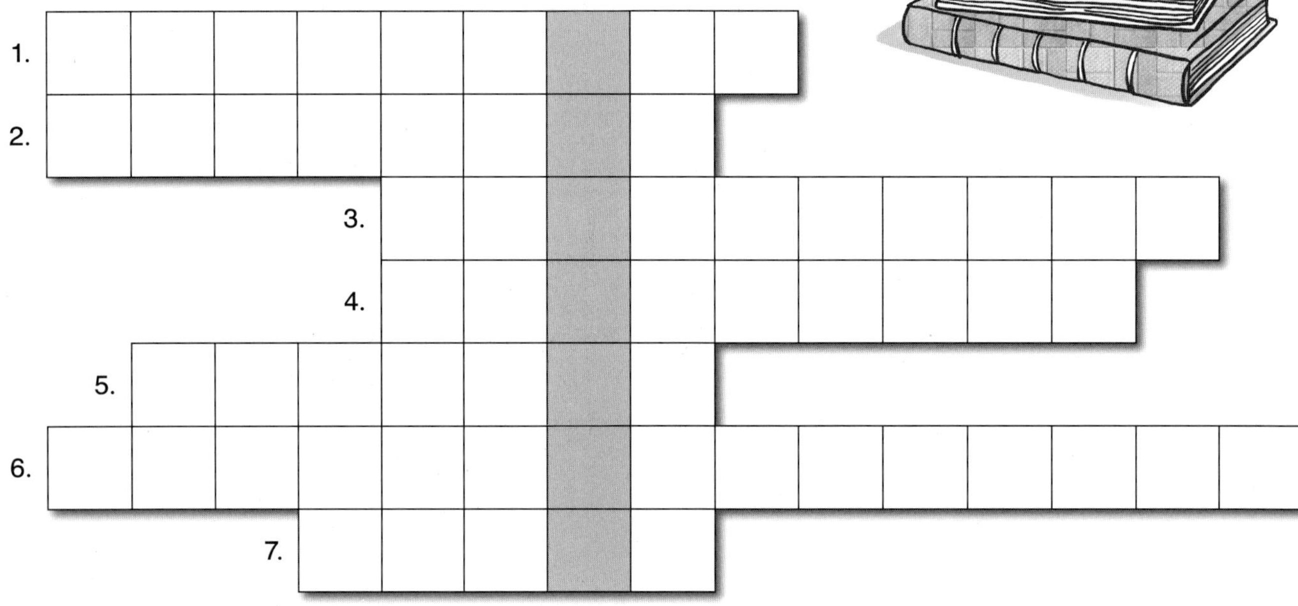


1. Künstler, der die Bilder in den Büchern von Hand malte
2. Vorname des Erfinders des Buchdrucks
3. Kasten, in den die Bleibuchstaben gesetzt wurden
4. Nachname des Erfinders des Buchdrucks
5. Dort lebten die Mönche, die die Bücher abschrieben
6. Dunkler Farbstoff, den man zum Drucken benutzte
7. Stadt, in der der Buchdruck erfunden wurde

Was verwenden die Mitarbeiter der alten Druckerei für das Setzen der Wörter?

______________________________________________________________________.

# Margarete Steiff – Lebenslauf

*Lies genau. Male Margarete Steiffs Erfindung.*

Gestatten? Ich bin der Teddy mit einem Knopf im linken Ohr und stamme aus der wohl berühmtesten Kuscheltierfirma der Welt. Deren Gründerin möchte ich dir jetzt vorstellen.

Ihr Name war Margarete Steiff. Sie wurde im Jahr 1847 in Süddeutschland in der Nähe von Ulm geboren. Sie hatte es nicht leicht in ihrer Kindheit. Mit eineinhalb Jahren erkrankte sie an Kinderlähmung. Deswegen war sie, nachdem sie die Krankheit überstanden hatte, auf einen Rollstuhl angewiesen.

Margarete war jedoch sehr ehrgeizig. Sie wollte einen Beruf erlernen und besuchte eine Nähschule. Die Arbeit war sehr anstrengend, denn ihre rechte Hand konnte sie nicht richtig bewegen. Trotzdem arbeitete sie hart. Mit 17 Jahren war Margarete Steiff eine ausgebildete Schneiderin. Im Jahr 1877 gründete sie dann sogar ihre eigene Schneiderei. Das war zu dieser Zeit etwas Besonderes, denn damals wurden Geschäfte fast nur von Männern geleitet. In dem anfänglich kleinen Unternehmen beschäftigte Margarete mehrere Näherinnen.

Es war ein kleines Nadelkissen aus Filz in Form eines Elefanten, das Margarete Steiff im Jahr 1880 zur „Mutter der Plüschtiere“ machte. Das „Elefäntle“ war vor allem bei den Kindern ihrer Kundinnen beliebt. Also produzierte Margarete immer mehr davon, um sie verkaufen zu können. Schon bald wurde die Schneiderei zu klein und ein richtiges Fabrikgebäude wurde gebraucht. Im Laufe der Zeit entstanden viele verschiedenen Stofftiere, die in Handarbeit hergestellt wurden. Der Teddy ist besonders berühmt.

# Margarete Steiff – Detektivaufgaben

*Fülle den Steckbrief aus.*

Name:

______________________________

______________________________

Beruf:

______________________________

______________________________

Geburtsjahr:

______________________________

Geburtsort/Geburtsland:

______________________________

______________________________

Besondere Leistungen:

______________________________

______________________________

______________________________

*Bearbeite die Detektivaufgaben.*

1. Welchen Beruf erlernte Margarete?

______________________________________________

2. Wie hieß das erste Stofftier, das Margarete erfand?

______________________________

______________________________

3. Was ist auch heute noch das Besondere an der Herstellung der Kuscheltiere?

______________________________

______________________________

______________________________

Übrigens werden auch heute noch viele Steiff®[2]-Kuscheltiere überwiegend in Handarbeit hergestellt.

[2] Dieses Symbol bedeutet, dass die Produkte als eigene Marke geschützt sind.

# Margarete Steiff – Zeitzeugen

Ein Teddy denkt an die Geschichte von Margarete Steiff.
Er kann sich nicht mehr genau erinnern. Hilf ihm, die richtigen Sätze zu finden.

*Welche Sätze stimmen? Kreise ein.*
*Schreibe das Lösungswort auf.*

1. Margarete Steiff arbeitete als Schreinerin. . . . . . . . A
   Margarete Steiff arbeitete als Schneiderin. . . . . . . . S

2. Die berühmte Frau gründete ein eigenes Geschäft. . . T
   Die berühmte Frau gründete eine eigene Schule. . . . U

3. Das „Elefäntle" war bei Kindern besonders beliebt. . . E
   Das „Elefäntle" war bei Kindern nicht beliebt. . . . . . L

4. In der Fabrik wurden Puppen hergestellt. . . . . . . . S
   In der Fabrik wurden Kuscheltiere hergestellt. . . . . I

5. Die Firma Steiff gibt es heute noch. . . . . . . . . . . F
   Die Firma Steiff gibt es heute nicht mehr. . . . . . . . M

6. Die Stofftiere werden vor allem in Handarbeit hergestellt. F
   Die Stofftiere werden nur mit Maschinen hergestellt. . . A

Lösungswort:

| 1. | 2. | 3. | 4. | 5. | 6. |
|---|---|---|---|---|---|
| | | | | | |

# Ferdinand von Zeppelin – Lebenslauf

*Lies genau. Male die Erfindung Zeppelins.*

Wir schreiben den 2. Juli des Jahres 1900. Langsam öffnen sich um 20:03 Uhr die Tore einer Halle in Friedrichshafen am Bodensee. Heraus kommt ein gigantisches, fast wie eine längliche gelbe Zigarre aussehendes Objekt, das den Tausenden von gespannten Besuchern den Ausdruck riesigen Erstaunens ins Gesicht zaubert. Noch mehr staunen die Zuschauer, als sich der Gegenstand langsam erhebt. Er steigt etwa 1400 Meter hoch in den Himmel – mit fünf Personen und 350 Kilogramm Ladung an Bord. Ganze 18 Minuten dauert der erste Flug der wohl größten Erfindung von Graf von Zeppelin.

**Aber was war das für ein Flugobjekt?**

Es war ein Luftschiff, heute besser bekannt als Zeppelin. Es hatte eine eirunde Hülle aus Metall, die von außen mit Stoff bespannt war. Diese Hülle war mit dem Gas Wasserstoff gefüllt. Damit konnte das Luftschiff schweben. Der Zeppelin hatte hinten einen Propeller und mehrere Höhen- und Seitenruder. Seinen Antrieb erhielt das Luftschiff von zwei Motoren. Damit mit dem neuartigen Luftschiff auch Menschen befördert werden konnten, gab es unten am „Ballon" eine Kabine für Passagiere.

**Warum war dieses Luftschiff so besonders?**

Es gab zwar damals schon Motorflugzeuge, aber trotzdem war der Zeppelin wohl eines der berühmtesten Flugobjekte der damaligen Zeit. Mit ihm gelang im Jahr 1929 sogar eine der ersten Luftfahrt-Weltumrundungen.

Allerdings war das Fliegen mit dem Zeppelin sehr gefährlich, denn das Gas Wasserstoff konnte leicht brennen. Das Unglück der Hindenburg im Jahr 1937 war das Ende für den Erfolg des Zeppelins. Heute werden im Luftverkehr vor allem Flugzeuge und Hubschrauber verwendet.

Trotzdem hat die Erfindung den Grafen von Zeppelin, der 1838 in Konstanz am Bodensee geboren wurde, unsterblich gemacht.

# Ferdinand von Zeppelin – Detektivaufgaben

*Fülle den Steckbrief aus.*

Name:

______________________

______________________

Beruf:

______________________

______________________

Geburtsjahr:

______________________

Geburtsort/Geburtsland:

______________________

______________________

Besondere Leistungen:

______________________

______________________

______________________

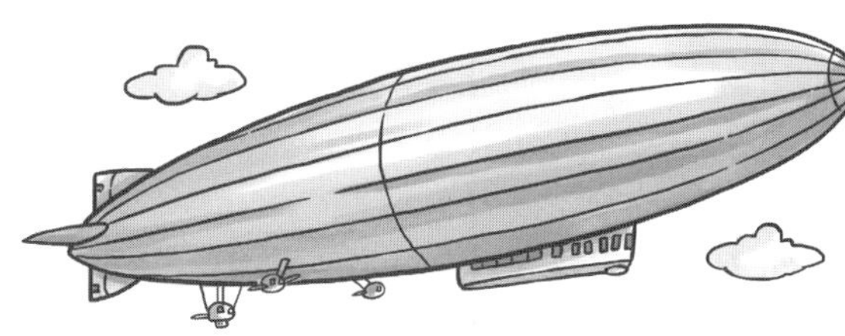

*Bearbeite die Detektivaufgaben.*

1. Warum wurde das Luftschiff „Zeppelin“ getauft?

______________________

______________________

2. Mit welchem Gas werden Zeppeline heute gefüllt?

______________________

3. Was gelang im Jahr 1929 mit einem Zeppelin?

______________________

______________________

Heute werden Zeppeline gelegentlich noch für Werbung, wissenschaftliche Arbeiten oder für Touristenfahrten verwendet. Die Luftschiffe werden nun mit dem Gas Helium gefüllt – so wie fliegende Luftballons. Das Gas kann nicht brennen und ist deshalb nicht gefährlich.

# Ferdinand von Zeppelin – Zeitzeugen

Seit 1997 werden in Friedrichshafen am Bodensee wieder Zeppeline gebaut. Sie sind anders als die ersten Zeppeline, weil heute moderne Technik verwendet wird.

*Lies genau.*
*Zeichne den Zeppelin Schritt für Schritt.*

- ☐ Der moderne Zeppelin sieht aus wie ein „Fieberzäpfchen“, er ist vorne und hinten leicht spitz.
- ☐ An der Seite sieht man am hinteren Ende Seitenflügel.
- ☐ Oben ist ähnlich der Rückenflosse beim Fisch ein Rückenruder angebracht.
- ☐ Unten, etwas weiter vorne, befindet sich die Kabine.
- ☐ Sie ist direkt am zigarrenartigen „Ballon“ befestigt und hat einige Fenster, aus denen die Passagiere den Blick auf den Bodensee und die Berge genießen können.
- ☐ Auf deinem Zeppelin befindet sich deine Lieblingswerbung.

Finde mithilfe des Internets heraus, wie ein moderner Zeppelin aussieht.

# Neil Armstrong – Lebenslauf

*Lies genau. Male ein Bild der Apollo 11.*

Jede Spurensicherung hätte ihre wahre Freude: ein Fußabdruck wie aus dem Bilderbuch. Gut erhalten, eindeutig zuzuordnen und sehr, sehr wichtig. Den Abdruck des Stiefels hat der Astronaut Neil Armstrong hinterlassen – und zwar auf dem Mond! Er war der erste Mensch, der ihn betreten hat, und zwar am 21. Juli 1969. Zusammen mit seinen Kollegen Edwin Aldrin und Michael Collins war er zu der Mondmission aufgebrochen.

Neil Armstrong wurde 1930 in den USA geboren. In seiner Kindheit baute er Modellflugzeuge, wurde Pilot und steuerte später Militärjets.

Er träumte davon, Astronaut zu werden. Dieser Traum wurde Wirklichkeit. Er wurde Pilot bei der NASA und kommandierte später die Rakete Apollo 11. Mit ihr flog er auch zum Mond!

Mit dem Start der Rakete begann eine Reise ins Ungewisse. Eine Raumfahrtmission ist gefährlich. Weil es für Menschen so weit weg von der Erde keine Luft zum Atmen gibt, brauchen sie einen speziellen Astronautenanzug. Anders als auf der Erde sind die Astronauten im Weltraum schwerelos. Sie können einfach so im Raum schweben, als hätten sie gar kein Gewicht.

Neil Armstrong war mutig und wagte den ersten Schritt auf den Mond – ohne den Schutz der Mondlandefähre. Als er am frühen Morgen des 21. Juli aus der Raumfähre trat, wurde er sogar von Fernsehkameras begleitet, die Bilder auf die ganze Welt übertrugen. Etwa 500 Millionen Menschen verfolgten das Ereignis live vor dem Fernseher mit. Das war damals etwas Besonderes, denn es gab noch kein Internet oder Handy. Nicht einmal alle Menschen hatten einen Fernseher. So kam es, dass sich viele Menschen vor kleinen Fernsehgeräten bei Freunden oder Familienmitgliedern versammelten, um das Großereignis mitzuerleben.

# Neil Armstrong – Detektivaufgaben

*Fülle den Steckbrief aus.*

Name:

______________________

Beruf:

______________________

Geburtsjahr:

______________________

Geburtsort/Geburtsland:

______________________

Besondere Leistungen:

______________________

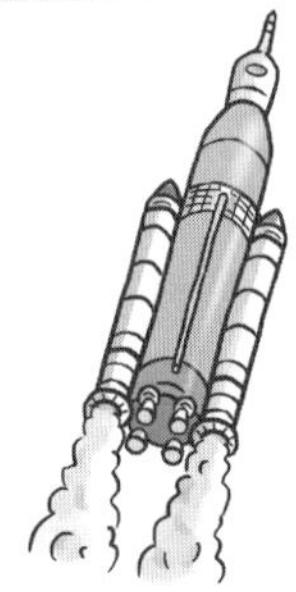

*Bearbeite die Detektivaufgaben.*

1. Frage deine Großeltern, ob sie sich an die erste Mondlandung erinnern. Haben sie das Ereignis auch im Fernsehen mitverfolgt?

______________________

2. Was bedeutet schwerelos?

______________________

Was könnte Neil Armstrong mit seinem berühmten Satz gemeint haben? Erkläre.

______________________

„Dies ist ein kleiner Schritt für den Menschen, aber ein riesiger Sprung für die Menschheit!“ Das war der berühmte Satz von Neil Armstrong, als er den Mond betrat.

# Neil Armstrong – Zeitzeugen

Bei der Liveübertragung der ersten Mondlandung sind ein paar Wörter schlecht zu verstehen.

*Finde im Wortgitter zehn Wörter, die mit der ersten Mondlandung zu tun haben.*

*Kreise sie ein und schreibe sie auf.*

| C | V | F | G | Z | H | M | O | L | S | Y | Y | D | F | M |
|---|---|---|---|---|---|---|---|---|---|---|---|---|---|---|
| M | X | E | D | A | W | E | M | K | I | O | P | L | L | O |
| I | A | R | Y | R | D | E | T | Z | U | I | O | O | M | N |
| S | X | N | N | M | J | M | K | L | Ä | Ü | A | W | F | D |
| S | S | S | A | S | T | R | O | N | A | U | T | O | U | L |
| I | A | E | Q | T | D | F | G | W | E | R | C | D | ß | A |
| O | E | H | M | R | A | R | A | K | E | T | E | F | A | N |
| N | R | K | Q | O | S | E | R | I | O | P | B | F | B | D |
| Q | T | A | S | N | L | Ö | Ä | Ü | S | W | N | G | D | E |
| S | Z | M | P | G | H | G | F | C | V | G | B | B | R | F |
| E | U | E | S | C | H | W | E | R | E | L | O | S | U | Ä |
| X | V | R | L | Ö | Ä | Ü | O | R | V | F | G | B | C | H |
| S | R | A | U | M | F | A | H | R | T | Q | R | U | K | R |
| D | Q | Z | I | P | Ü | N | V | F | X | S | D | F | J | E |
| F | E | C | V | V | G | H | B | N | J | I | M | U | T | F |

# Marie Curie – Lebenslauf

*Lies genau. Male Marie Curie bei der Arbeit im Labor.*

Mein Name ist Marie Curie. Ich wurde 1867 in Polen geboren und habe das geschafft, von dem Wissenschaftler nur träumen: Ich habe den Nobelpreis erhalten – und zwar gleich zweimal. 1903 war es der für Physik, 1911 der für Chemie.

Vielen Leuten bin ich wegen meiner Entdeckung der Radioaktivität bekannt geworden und sie schätzen mich für mein Wissen und meine Forschungen.

Andere hingegen sehen in mir eine Familienheldin. Vor allem Frauen waren es, die mich für mein Organisationstalent bewunderten. Denn es gelang mir, meine Familie und meine Arbeit unter einen Hut zu bringen. Wieder andere betrachten mich als Kämpferin für die Rechte der Frauen.

Lange Jahre habe ich gemeinsam mit meinem Mann Pierre geforscht, der für unsere damalige Zeit sehr modern dachte. Er unterstützte mich bei meinen Forschungen. Leider ist er sehr früh gestorben. Nach seinem Tod machte ich mit unserer Arbeit weiter. Und so kam es, dass ich als erste Frau an der berühmten Universität Sorbonne in Paris unterrichtete.

Gemeinsam mit meinem Doktorvater Becquerel gewann ich den ersten Nobelpreis. Das war unglaublich!

# Marie Curie – Detektivaufgaben

*Fülle den Steckbrief aus.*

Name:

Beruf:

Geburtsjahr:

Geburtsort/Geburtsland:

Besondere Leistungen:

*Bearbeite die Detektivaufgaben.*

1. Für welche Entdeckung wurde Marie Curie bekannt?

2. In welchem Land wurde Marie Curie geboren?

3. Welchen Beruf hatte Marie Curies Tochter Irène?

Übrigens wurde auch Marie Curies Tochter Irène Wissenschaftlerin für Chemie und Physik. Sie erhielt im Jahr 1935 zusammen mit ihrem Mann einen Nobelpreis.

# Marie Curie – Zeitzeugen

Marie Curie war bei den Zeitungen und Fotografen sehr beliebt. Alle wollten über die Frau berichten, die so besonders war.

*Lies die Informationen über Maries Leben.*
*Male zu jeder Information ein passendes Foto.*

1891: Marie schreibt sich an der Universität in Paris ein. Nur 23 der 1800 Studenten waren Frauen.

1897: Maries und Pierres erste Tochter Irène wird geboren.

1903: Marie Curie erhält den Nobelpreis für Physik.

1904: Marie und Pierre Curie bekommen ihre zweite Tochter Ève.

1914: Marie Curie versorgt während des 1. Weltkriegs verletzte Soldaten.

# Charles Darwin – Lebenslauf

*Lies genau. Male ein Bild zu Darwins Forschungen.*

Heute erfährst du etwas über einen der berühmtesten Naturforscher aller Zeiten. Sein Name war Charles Darwin. Er wurde im Jahr 1809 in England geboren.

Schon als Schüler interessierte Charles sich sehr für die Natur. Er beobachtete gern das Verhalten von Lebewesen. Nach seinem Studium machte er auf einem Forschungsschiff eine fünfjährige Weltreise. Während dieser Zeit konnte er die Natur in vielen verschiedenen Ländern weiter erforschen.

Darwin fand heraus, dass sich Lebewesen an ihren Lebensraum anpassen, um besser überleben zu können. Dadurch können auch verschiedene Arten entstehen. Seiner Meinung nach hat sich das Leben auf der Erde nach und nach entwickelt.

Er entdeckte auch eine Verwandtschaft zwischen Menschen und Affen. Darwin war überzeugt, dass Menschen und Affen einen gemeinsamen Vorfahren hatten und sich dann in verschiedene Richtungen entwickelt haben. Diese erforschte Entwicklung und Veränderung von Lebewesen wird auch Evolution genannt.

Allerdings war nicht jeder mit Darwins Forschungen einverstanden. Vor allem Menschen mit christlichem Glauben hatten eine andere Meinung. Denn nach der Schöpfungsgeschichte in der Bibel hatte Gott die Welt in sieben Tagen erschaffen. Plötzlich gab es mehrere Vorstellungen darüber, wie das Leben auf der Erde entstanden sein könnte.

# Charles Darwin – Detektivaufgaben

*Fülle den Steckbrief aus.*

Name:

Beruf:

Geburtsjahr:

Geburtsort/Geburtsland:

Besondere Leistungen:

*Bearbeite die Detektivaufgaben.*

1. Was machte Charles Darwin nach seinem Studium?

2. Warum passen sich Lebewesen an ihre Umwelt an?

3. Was ist Evolution?

Übrigens gehören Gorillas, Orang-Utans und Schimpansen zu den Menschenaffen.

# Charles Darwin – Zeitzeugen

Die ersten Menschen gab es vor etwa 1,8 Millionen Jahren. Doch im Laufe der Evolution hat sich der Mensch verändert und weiterentwickelt.

*Schneide die Bilder aus.*
*Klebe sie in der richtigen Reihenfolge auf.*

*Lies genau. Male das berühmte Foto in den Rahmen.*

Der Mann mit dem zerzausten Haar, der auf einem berühmten Foto frech die Zunge herausstreckt, ist Albert Einstein. Vielleicht kennst du das Foto?

Albert Einstein gilt als Genie und berühmtester Wissenschaftler aller Zeiten. Sein wichtigstes Werk ist die Relativitätstheorie.

Albert Einstein hat an vielen Orten gewohnt. Geboren wurde er am 14. März 1879 in Ulm. Seine Eltern waren Juden. Die Familie zog zuerst nach München, wo Einstein auch die Schule besuchte. Allerdings ging er schon mit 15 Jahren ohne Abschluss von der Schule. Er zog zu seinen Eltern, die mittlerweile in Mailand in Italien lebten. Danach ging Albert in die Schweiz. Dort entschied er sich, doch noch das Abitur zu machen, um an der Universität studieren zu können.

Albert studierte in der Schweiz an der Hochschule in Zürich und wurde Fachlehrer für Mathematik und Physik. Später ging er nach Berlin und schließlich in die USA.

Auch in seiner Freizeit beschäftigte er sich mit der Physik und forschte an neuen Ideen.

1903 heiratete er die Mathematikerin Mileva Marić. Wahrscheinlich hat sie zusammen mit Albert Einstein die Relativitätstheorie entwickelt. Allerdings wurde nur Einstein dafür berühmt.

# Albert Einstein – Detektivaufgaben

*Fülle den Steckbrief aus.*

Name:

______________________

______________________

Beruf:

______________________

______________________

Geburtsjahr:

______________________

Geburtsort/Geburtsland:

______________________

______________________

Besondere Leistungen:

______________________

______________________

______________________

*Bearbeite die Detektivaufgaben.*

1. Was machte Albert Einstein in der Schweiz?

______________________

______________________

2. Was erfährst du über Mileva Marić?

______________________

______________________

Was könnte der Begriff Völkerverständigung bedeuten?
***Tipp:*** Es hat etwas mit Frieden zu tun.

______________________

______________________

______________________

Albert Einstein setzte sich auch für Völkerverständigung und den Frieden ein.

# Albert Einstein – Zeitzeugen

Welche Informationen über Albert Einstein stimmen?

*Kreuze die richtigen Antworten an.*

*Schreibe das Lösungswort auf.*

| | | |
|---|---|---|
| 1. Albert Einstein ist ein berühmter | Arzt. | A |
| | Wissenschaftler. | G |
| | Schauspieler. | U |
| 2. Sein Abitur machte er in | den USA. | F |
| | Italien. | E |
| | der Schweiz. | E |
| 3. Er war Fachlehrer für | Mathe und Physik. | N |
| | Englisch und Spanisch. | I |
| | Kunst und Theater. | L |
| 4. Mileva Marić war Einsteins | Schwester. | A |
| | Ehefrau. | I |
| | Mutter. | M |
| 5. Albert setzte sich ein für | die Familie. | O |
| | den Frieden. | E |
| | die Fabrik. | B |

Lösungswort:

| 1. | 2. | 3. | 4. | 5. |
|---|---|---|---|---|
| | | | | |

# Galileo Galilei – Lebenslauf

*Lies genau. Male Galileos Entdeckung.*

Der italienische Forscher Galileo Galilei wurde 1564 in Pisa geboren. Ähnlich wie Leonardo da Vinci war er ein Universalgelehrter, der sich in vielen Bereichen sehr gut auskannte. Vor allem mit der Sternenkunde, die auch Astronomie genannt wird, beschäftigte er sich.

Zur Zeit Galileos glaubten die Menschen, dass sich alle Planeten um die Erde drehten. Doch wie sein Vorgänger Nikolaus Kopernikus und sein Zeitgenosse Johannes Kepler zweifelte Galileo Galilei daran, dass die Erde der Mittelpunkt sei, und forschte weiter. Auch er war der Meinung, dass das Zentrum des Weltalls die Sonne ist und alle anderen Planeten um sie herumkreisen. Galileo fand heraus, dass sich auch die Erde bewegte und dabei die Sonne umrundete.

Mit dieser Idee waren die Mitglieder der christlichen Kirche nicht einverstanden. Sie glaubten, die Erde und die Menschen seien der Mittelpunkt des Universums. Dass nicht die Erde, sondern die Sonne das Zentrum sein könnte, konnten sie sich nicht vorstellen. Die Menschen ärgerten sich über Galileo und wollten verhindern, dass andere von seiner Meinung erfuhren.

Damit Galileo seine Ideen zum Sonnensystem nicht verbreiten konnte, durfte er die Ergebnisse seiner Forschungen in Italien nicht veröffentlichen. Außerdem wurde er zu lebenslangem Hausarrest verurteilt. Es wurde ihm verboten zu unterrichten. Trotzdem schaffte er es, dass seine Forschungen öffentlich wurden. Der englische Forscher Isaac Newton führte die Forschungen nach Galileis Tod weiter. Er konnte beweisen, dass Kopernikus, Kepler und Galilei recht hatten. Die Verbreitung der neuen Sicht auf das Universum war nun nicht mehr aufzuhalten.

# Galileo Galilei – Detektivaufgaben

*Fülle den Steckbrief aus.*

Name:

______________________________

______________________________

Beruf:

______________________________

______________________________

Geburtsjahr:

______________________________

Geburtsort/Geburtsland:

______________________________

______________________________

Besondere Leistungen:

______________________________

______________________________

______________________________

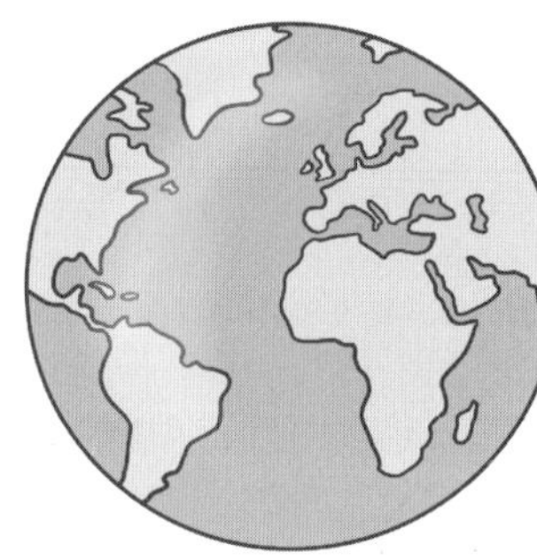

*Bearbeite die Detektivaufgaben.*

1. Nenne ein anderes Wort für Astronomie.

______________________________

2. Was fanden die Forscher Kopernikus, Kepler, Galilei und Newton heraus?

______________________________

______________________________

______________________________

3. Was hielten die Menschen vor der Entdeckung der Forscher für den Mittelpunkt des Universums?

______________________________

______________________________

______________________________

Galileo beobachtete die Himmelskörper übrigens mit einem Fernrohr. Das hatte er zwar nicht selbst erfunden, aber er hat das Instrument verbessert.

# Galileo Galilei – Zeitzeugen

Galileo Galilei hat viel erlebt. In einem Museum gibt es zu seinem Leben eine kleine Ausstellung.

*Lies die Sätze.*
*Ordne jedem Satz das passende Bild zu.*
*Trage die Buchstaben richtig in die Tabelle ein.*
*Lies das Lösungswort.*

1. Im Jahr 1564 erblickte Galileo Galilei in der italienischen Stadt Pisa das Licht der Welt. Das Wahrzeichen der Stadt ist der schiefe Turm.
2. Er wuchs zusammen mit einem Bruder und zwei Schwestern auf.
3. Galileo wurde Astronom. Mithilfe eines Fernrohrs entdeckte er, dass der Mond mit Bergen, Tälern und Kratern übersät ist.
4. Wie bereits Nikolaus Kopernikus fand auch Galileo heraus, dass sich alle Planeten um die Sonne drehen.
5. Nach neun Jahren Hausarrest starb Galilei am 8. Januar 1642.
6. Galileo Galilei heiratete nie. Er war aber Vater von drei Kindern.

| | | |
|---|---|---|
| **L**  | **A** 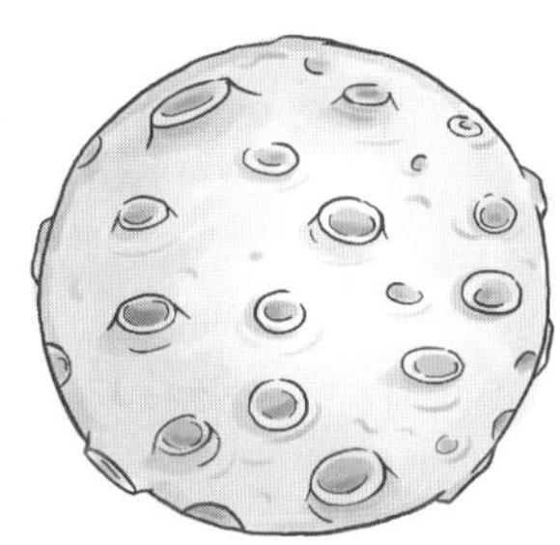 | **E**   |
| **N** 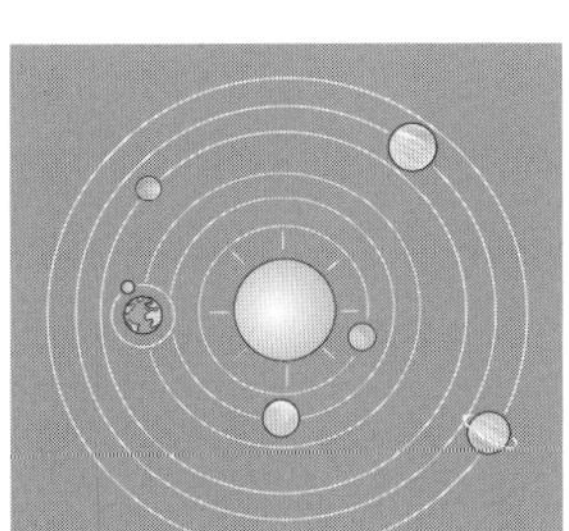 | **T** 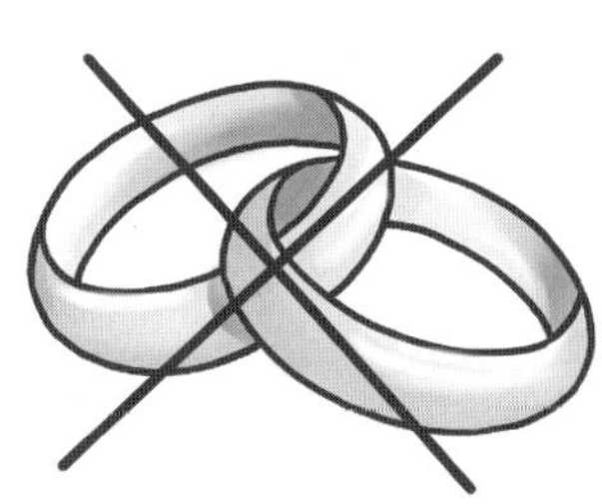 | **P**  |

Lösungswort:

| 1. | 2. | 3. | 4. | 5. | 6. |
|---|---|---|---|---|---|
| | | | | | |

# Edmund Hillary & Tenzing Norgay – Lebenslauf

*Lies genau. Male ein Gipfelfoto.*

Kennst du den höchsten Berg der Welt? Er heißt Mount Everest und liegt in dem Gebirge Himalaja in Asien. Der Berg ist fast 9000 Meter hoch. Das ist etwa so hoch wie ein Flugzeug fliegt. Ein Mensch ist im Vergleich zu dem hohen Berg wirklich ein Zwerg.

Doch wer hat den höchsten Berg der Erde eigentlich als Erster bestiegen?
Das waren der 33-jährige neuseeländische Imker Edmund Hillary und der Sherpa Tenzing Norgay. Im Mai 1953 standen sie das erste Mal auf dem Gipfel des Mount Everest. Das hatte vor ihnen noch niemand geschafft. Schon viele Expeditionen waren gescheitert. Hier liest du die Geschichte der beiden Bergsteiger über ihr wohl größtes Abenteuer.

Nepal, im April 1953:

Im 5400 Meter hohen Basislager des Everest versammeln sich Bergsteiger und einheimische nepalesische Lastenträger, die Sherpas genannt werden. Einer der Sherpas heißt Tenzing Norgay. Seit er ein Kind ist, hat er den Wunsch, den Everest zu besteigen. Auch Edmund Hillary ist als Bergsteiger dabei. Zusammen beginnen sie mit der Seilschaft den Aufstieg.

Der Aufstieg dauert sehr lange und ist anstrengend. Manche Bergsteiger werden unterwegs krank und brechen die Tour ab. In dieser Höhe ist die Luft dünn. Man bekommt nur schwer Luft. Weil es so steil ist, können sie auch nachts in ihren Zelten nicht richtig liegen. Es ist eisig kalt. Edmund Hillary und Tenzing Norgay frieren. Ihre Stiefel sind gefroren. Tagsüber kommen sie nur langsam vorwärts. Nach einem schweren und langen Aufstieg kommen sie am 29. Mai 1953 als erste Besteiger auf dem Gipfel des Mount Everests an. Tenzing hatte an diesem Tag sogar Geburtstag und wurde 39 Jahre alt.

# Edmund Hillary & Tenzing Norgay – Detektivaufgaben

*Fülle den Steckbrief aus.*

Name:

____________________

____________________

Beruf:

____________________

____________________

Geburtsjahr:

____________________

Geburtsort/Geburtsland:

____________________

____________________

Besondere Leistungen:

____________________

____________________

____________________

*Bearbeite die Detektivaufgaben.*

1. In welchem Gebirge liegt der Mount Everest?

____________________

2. Wie viele Meter mussten die Bergsteiger vom Basislager bis zum Gipfel bezwingen?

____________________

♛ Finde heraus, warum die Expedition nur so langsam vorwärtskam.

____________________

____________________

____________________

____________________

Edmund und Tenzing blieben nach ihrem gemeinsamen Erfolg übrigens ein Leben lang Freunde.

# Edmund Hillary & Tenzing Norgay – Zeitzeugen

Über die Erstbesteigung des Mount Everest wurde auf der ganzen Welt berichtet. Doch in den Sätzen haben sich Fehler eingeschlichen.

*Finde in jedem Satz einen Fehler. Schreibe die Sätze richtig auf.*

Der Mount Everest liegt in den Alpen.

______________________________________________

Edmund Hillary war von Beruf Lehrer.

______________________________________________

Tenzing Norgay war ein Sherpa aus England.

______________________________________________

Das Atmen fiel den Bergsteigern leicht. Die Temperaturen waren sehr warm. Sie kamen schnell vorwärts.

______________________________________________

______________________________________________

Edmund und Tenzing blieben nach ihrem gemeinsamen Erfolg ein Leben lang Feinde.

______________________________________________

______________________________________________

______________________________________________

# Christoph Kolumbus – Lebenslauf

*Lies genau. Male ein Bild der Santa Maria.*

Hast du dich schon mal gefragt, warum die amerikanischen Ureinwohner Indianer heißen, obwohl sie gar nicht in Indien leben?

Dazu gibt es eine spannende Geschichte. Es ist die Geschichte des italienischen Seefahrers Christoph Kolumbus. Es wurde im Jahr 1451 geboren. Er wollte im Jahr 1492 eigentlich von Spanien aus einen Seeweg nach Indien finden. Seide und Gewürze aus Asien waren sehr beliebt in Europa. Diese Waren mussten immer über Land transportiert werden. Das dauerte sehr lang und war teuer. Deshalb wollte Kolumbus über das Meer einen Weg dorthin finden. Das Geld für die teure Reise bekam er vom spanischen König. Denn selbst hätte Kolumbus niemals genug Geld gehabt, um seinen Traum zu verwirklichen.

Das Segelschiff von Kolumbus hieß Santa Maria. Die Reise war sehr gefährlich. Die Verpflegung war knapp und die Matrosen waren unzufrieden und hatten Angst. Nach zwei Monaten erreichte Kolumbus mit seiner Mannschaft endlich Land. Als sie von Bord gingen, nannte Kolumbus die Menschen, die ihn begrüßten, „Indianer“, weil er glaubte, in Indien zu sein. In Wirklichkeit war er aber auf dem Kontinent Amerika gelandet. Kolumbus hatte einen Fehler gemacht. Er hatte den Weg falsch berechnet. Um nach Indien zu kommen, hätte er noch viel weiter fahren müssen. Aber das wusste Kolumbus damals noch nicht.

# Christoph Kolumbus – Detektivaufgaben

*Fülle den Steckbrief aus.*

Name: ______________________

Beruf: ______________________

Geburtsjahr: ______________________

Geburtsort/Geburtsland: ______________________

Besondere Leistungen: ______________________

*Bearbeite die Detektivaufgaben.*

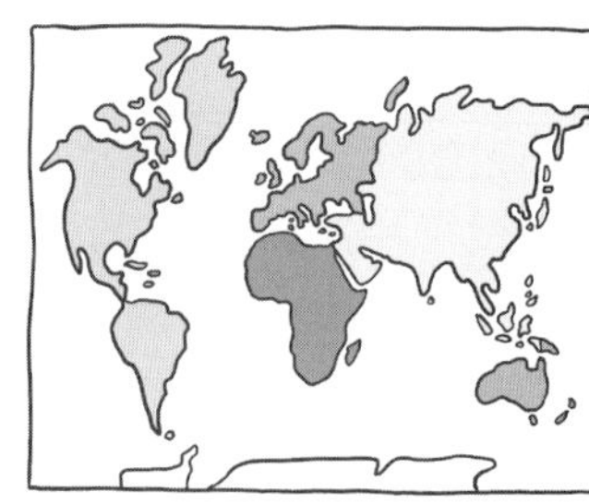

1. Wo landete Kolumbus im Jahr 1492?

______________________

2. Wohin wollte er eigentlich einen Weg finden?

______________________

Warum wurde Amerika auch „Neue Welt“ genannt?

______________________

Durch Kolumbus wurde Amerika in Europa bekannt. Viele Menschen wollten in der „Neuen Welt“ Amerika leben und verließen deshalb ihre Heimat.

# Christoph Kolumbus – Zeitzeugen

Durch die Seefahrt gab es schon früher viele Produkte aus fernen Ländern. Aber was kam woher?

*Verbinde jedes Bild mit dem passenden Satz.*

Aus Südamerika kamen die Bodenschätze nach Europa. In den spanischen Kolonien wurden Gold und Silber abgebaut.

Seide, Tee und seltene Gewürze waren beliebte Handelswaren aus Indien und China. Auch Parfüm konnte man dort bekommen.

Tabak und Kaffee wurden aus Südamerika gebracht.

Holz für die Herstellung von Schiffen kam aus Nordamerika. Von dort bezog man auch Felle.

Reis kam vor allem aus Asien.

Aus Amerika kam die Baumwolle. Sie wurde für die Herstellung von Kleidung gebraucht.

# Wilhelm Conrad Röntgen – Lebenslauf

*Lies genau. Male die Entdeckung Röntgens.*

Vielleicht hast du dich schon mal beim Sport oder beim Spielen verletzt. Damit der Arzt herausfinden kann, ob die Knochen noch heil sind, muss er manchmal ein Röntgenbild machen. Dafür werden Röntgenstrahlen genutzt. Auf dem Bild kann man dann die Knochen genau sehen.

Doch wer hat die Röntgenstrahlen eigentlich für die Medizin entdeckt?

Es war ein Mann, der 1845 in Norddeutschland geboren wurde. Sein Name war Wilhelm Conrad Röntgen. Er studierte in der Schweiz das Fach Physik. Er war sehr fleißig und wurde mit 29 Jahren Professor.

Es sprach sich unter den Wissenschaftlern bald herum, dass Wilhelm viel wusste. So kam es, dass er auch von Universitäten in Deutschland Angebote erhielt, dort zu arbeiten. Wilhelm entschied sich, nach Würzburg zu gehen.

In Würzburg entdeckte Wilhelm während seiner Forschungen besondere Strahlen, mit denen eine Art Foto der Knochen gemacht werden konnte. Das Röntgenbild zeigte also Bereiche des Körpers, die unter Haut, Muskeln und Gewebe lagen und von außen nicht zu sehen waren. Das war eine große Entdeckung, für die Wilhelm später sogar den Nobelpreis in Physik erhielt. Der Nobelpreis ist eine Auszeichnung, die Wissenschaftler für besondere Forschungen erhalten. Außerdem wurden die besonderen Strahlen nach ihrem Entdecker benannt und heißen deswegen auch heute noch Röntgenstrahlen.

# Wilhelm Conrad Röntgen – Detektivaufgaben

*Fülle den Steckbrief aus.*

Name:

Beruf:

Geburtsjahr:

Geburtsort/Geburtsland:

Besondere Leistungen:

*Bearbeite die Detektivaufgaben.*

1. Was entdeckte Wilhelm Conrad Röntgen?

2. Für welchen Beruf ist seine Entdeckung besonders wichtig?

3. Was ist der Nobelpreis?

Zu viele Röntgenstrahlen sind nicht gut für den Körper. Deswegen trägt man bei der Untersuchung eine schwere Bleischürze, die den Körper schützt.

# Wilhelm Conrad Röntgen – Zeitzeugen

Röntgens geniale Technik wird noch heute angewendet. Ein Arzt muss dafür den menschlichen Körper genau kennen.

*Kennst du dich aus? Beschrifte das Skelett.*

Arm | Knie | Brustkorb | Wirbelsäule | Finger | Fuß | Becken

Hand | Schädel | Zahn | Zehe | Schulter | Bein | Ellenbogen

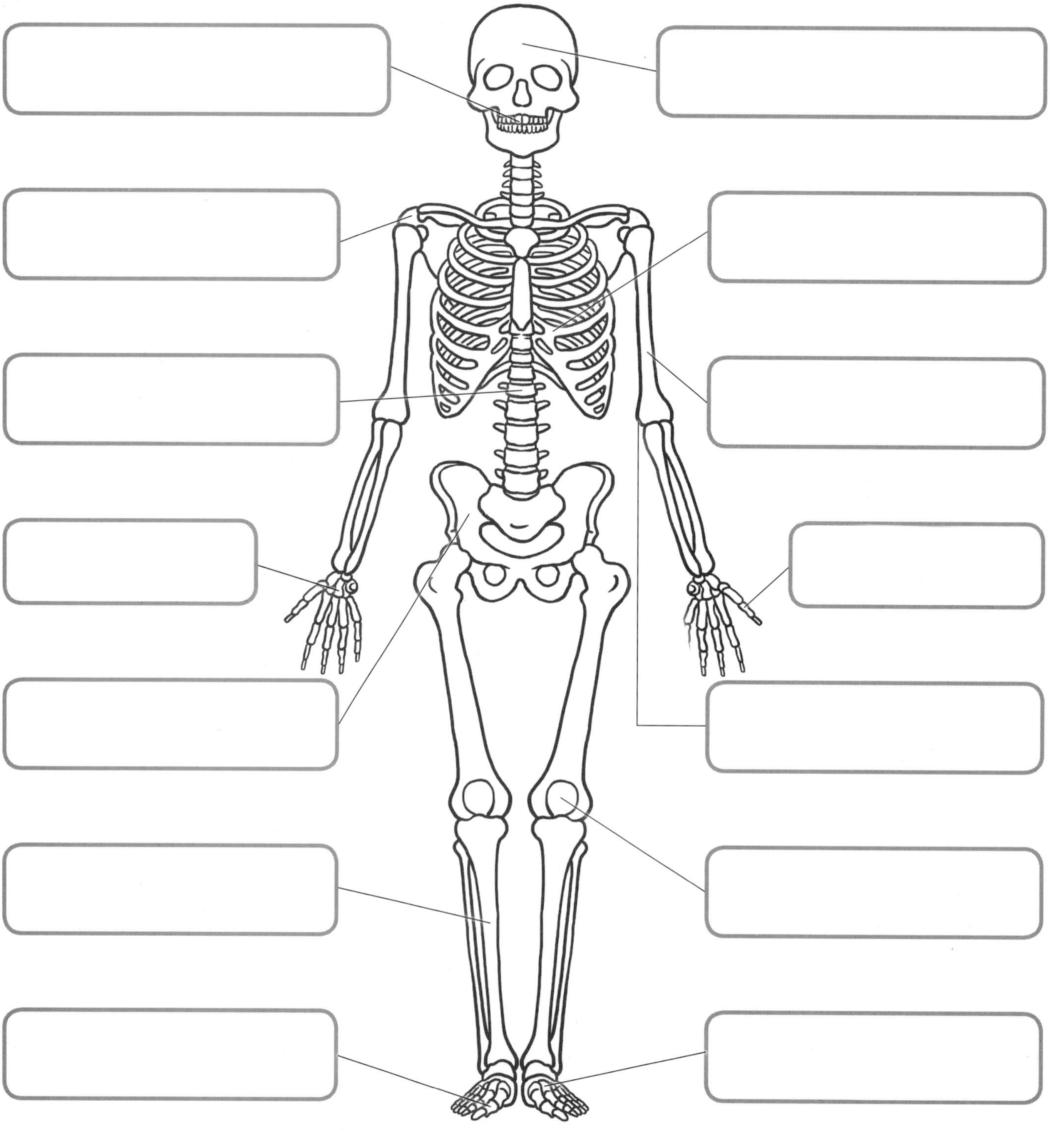

# Henry Dunant – Lebenslauf

*Lies genau. Male das Logo des Roten Kreuzes.*

Wir schreiben das Jahr 1859. Im Norden von Italien gibt es bei einer Schlacht viele Verletzte. Ein junger Mann aus der Schweiz erlebt, wie die verwundeten Soldaten beider Kriegsgegner einfach zurückgelassen werden. Er möchte den Verletzten helfen. *„Wir sind alle Brüder!“*, ruft er und es gelingt ihm, Helfer zu finden. Gemeinsam bringen sie die Menschen in Schulen und Kirchen und pflegen sie.

Der junge Mann heißt Henry Dunant. Er wurde 1828 in der Schweiz geboren. Schon seine Eltern halfen anderen Menschen und waren daher ein gutes Vorbild für ihn. Nun sucht Henry nach einem Weg, wie er die Verletzten aus dem Kriegsgebiet retten kann. Er bastelt Fahnen aus Leintüchern und Verbandsmaterial. Auf die Fahnen malt er mit Blut rote Kreuze. Dank dieser Fahnen gelingt es den Helfern, sich und die Verwundeten in Sicherheit zu bringen. So wird der Gedanke geboren, eine Hilfsorganisation zu gründen.

Die Organisation heißt „Rotes Kreuz“ und es gibt sie noch heute. Das Logo ist ein rotes Kreuz auf weißem Untergrund. Vielleicht hast du das schon einmal gesehen. In islamisch geprägten Ländern gibt es die Organisation auch, zum Beispiel in der Türkei. Sie heißt dort „Roter Halbmond“.

Freiwillige dieser Organisationen setzen sich dafür ein, das Leid auf der Welt zu lindern und die Würde aller Menschen zu achten – Aussehen, Religion oder Herkunft der Menschen sind dabei nicht wichtig. Das Rote Kreuz ist auch in den Bereichen Altenpflege, Blutspende und Rettungsdienst tätig.

# Henry Dunant – Detektivaufgaben

*Fülle den Steckbrief aus.*

Name:

Beruf:

Geburtsjahr:

Geburtsort/Geburtsland:

Besondere Leistungen:

*Bearbeite die Detektivaufgaben.*

1. Warum gründete Henry Dunant die Hilfsorganisation Rotes Kreuz?

2. Wie heißt die Organisation in der Türkei?

3. Welche Auszeichnung erhielt Henry Dunant für seine Leistungen?

Im Jahr 1901 erhielt Henry Dunant zusammen mit einem Freund aus Frankreich den ersten Friedensnobelpreis.

# Henry Dunant – Zeitzeugen

*Beantworte die Fragen.*

In welchen Bereichen ist das Rote Kreuz tätig?

Was meinte Dunant wohl mit der Aussage „Wir sind alle Brüder“?

Wer war ein Vorbild für Henry Dunant?

Hast du schon einmal von Einsätzen oder Aktivitäten des Roten Kreuzes gehört? Wenn ja, von welchen?

# Queen Elisabeth II. – Lebenslauf

*Lies genau. Male den Wohnsitz der Queen.*

Sie trägt gern auffällige Hüte, lebt in einem Schloss und ist das Oberhaupt der britischen Königsfamilie. Seit über 65 Jahren ist sie im Amt. Das kann nur eine sein: Queen Elisabeth II., die Königin von Großbritannien.

Der Buckingham Palast in London ist der offizielle Wohnsitz der Familie. Dort empfängt die Queen auch Gäste aus anderen Ländern. Außerdem wohnt die Familie auch noch im Schloss Windsor Castle außerhalb von London.

Queen Elisabeth II. wurde 1926 geboren. Bisher war noch nie eine Königin so lange im Amt wie sie. Jetzt ist sie schon über 90 Jahre alt und noch nicht in Rente. Das ist bestimmt ganz schön anstrengend. Schließlich gibt es in der königlichen Familie viele Regeln. Vieles war in ihrem Leben vorherbestimmt und sie konnte nicht einfach so frei entscheiden. Elisabeth hat über 3500 neue Gesetze unterschrieben, zahlreiche Reisen gemacht und die Hände vieler Menschen geschüttelt.

Übrigens hat sie als junge Frau eine Ausbildung zur Automechanikerin gemacht. Und sie hat sogar auch einen Lkw-Führerschein. Hättest du das gedacht?

Elisabeths Ehemann heißt Prinz Phillip. Zusammen haben sie vier Kinder, acht Enkel und auch schon mehrere Urenkel.

# Queen Elisabeth II. – Detektivaufgaben

*Fülle den Steckbrief aus.*

Name:

Beruf:

Geburtsjahr:

Geburtsort/Geburtsland:

Besondere Leistungen:

*Bearbeite die Detektivaufgaben.*

1. Wie heißt der königliche Palast in London?

2. Welchen Beruf erlernte die Queen als junge Frau?

3. Was ist die Thronfolge?

Die Thronfolge bestimmt in königlichen Familien, wer als Nächster König oder Königin wird. Das erstgeborene Kind einer Königin oder eines Königs darf nach deren Tod den Thron besteigen. Queen Elisabeth II. wird später einmal ihr ältester Sohn Charles folgen.

# Queen Elisabeth II. – Zeitzeugen

In dem Zeitungsbericht über die Queen sind ein paar Wörter verlorengegangen.

*Kannst du die fehlenden Wörter einsetzen?*

junge | Ehemann | Automechanikerin | besondere | Reisen | Hände | Rente | Gesetze | Führerschein | Kinder | Amt | London | alt

Queen Elisabeth II. trägt gern ______________________ Hüte. Sie lebt im Buckingham Palast in _________________. Bisher war noch nie eine Königin so lange im ___________ wie sie. Jetzt ist sie schon über 90 Jahre __________ und noch nicht in _____________. Elisabeth hat über 3500 neue __________________ unterschrieben, zahlreiche ________________ gemacht und die _______________ vieler berühmter Menschen geschüttelt.

Als ______________ Frau hat sie sogar eine Ausbildung zur __________________________________ gemacht. Außerdem hat sie einen Lkw-__________________________.

Elisabeths ___________________ heißt Prinz Phillip. Zusammen haben sie vier ________________, acht Enkel und auch schon mehrere Urenkel.

# Martin Luther – Lebenslauf

*Lies genau. Male ein Bild von Luthers Versteck.*

Martin Luther war ein Mönch aus Deutschland.
Er wurde im Jahr 1483 geboren. Es war ihm wichtig,
dass die Menschen über ihren Glauben zu Gott nachdachten.
Er wollte die katholische Kirche verändern. Das nennt man auch Reform.

Martin Luther erkannte mit der Zeit viele Dinge, die ihm an der Kirche nicht gefielen. Es war zum Beispiel damals üblich, dass sich Menschen von ihren Sünden freikaufen konnten. Hatte jemand einen Fehler gemacht, gab er dem Priester einfach Geld und war dann wieder schuldfrei. Das fand Luther nicht gut. Außerdem hatten nur die reichen Menschen Geld. Luther wollte viele Regeln der Kirche ändern. Diese Ideen schrieb er in 95 Thesen auf und hängte sie im Jahr 1517 an die Tür der Kirche in Wittenberg. Das aber gefiel der katholischen Kirche nicht. Deswegen wurde Luther von der Kirche ausgeschlossen. Er musste sogar fliehen und sich in der Wartburg verstecken.

In seinem Versteck fertigte er die erste deutsche Übersetzung der Bibel an, damit viele Menschen die Bibel lesen und verstehen konnten.

Luther war beim Volk sehr beliebt. Als Junker Jörg arbeitete er weiter an seinen Ideen. Er unterstützte die Bauern dabei, sich gegen die Mächtigen aufzulehnen. Martin Luther setzte sich dafür ein, dass auch Kinder aus armen Verhältnissen eine Schule besuchen konnten.

Und er schaffte es, eine neue Kirche zu gründen: die reformierte Kirche.
In Gedenken an Martin Luther ist der 31. Oktober der Reformationstag.

# Martin Luther – Detektivaufgaben

*Fülle den Steckbrief aus.*

Name:

Beruf:

Geburtsjahr:

Geburtsort/Geburtsland:

Besondere Leistungen:

*Bearbeite die Detektivaufgaben.*

1. Was wollte Martin Luther verändern?

2. Wo versteckte sich Martin Luther?

3. Was fertigte er in seinem Versteck an?

Martin Luther heiratete im Jahr 1525 Katharina von Bora, die zusammen mit acht weiteren Nonnen aus dem Kloster geflohen war. Sie hatten zusammen drei Töchter und drei Söhne.

# Martin Luther – Zeitzeugen

Von Martin Luther stammen viele bekannte Redensarten oder Sprichwörter. Er benutzte dafür eine einfache Sprache, weil er wollte, dass ihn viele Menschen verstehen.

*Lies die Redensarten.*
*Überlege, was sie bedeuten.*
*Verbinde richtig.*

|  |  |
| --- | --- |
| Wer anderen eine Grube gräbt, fällt selbst hinein. | Es geht so nicht mehr. Es muss sich etwas ändern. |
| Ein Wolf im Schafspelz sein | Wunderbar zusammenpassen |
| Ein Machtwort sprechen | Wenn man jemandem schaden möchte, kann es passieren, dass man sich selbst schadet. |
| Perlen vor die Säue werfen | Sich Sorgen um Dinge machen, die erst in der Zukunft kommen |
| Wie die Faust aufs Auge passen | Ein Böser als Guter getarnt |
| Sich um ungelegte Eier kümmern | Etwas Schönes bieten, das jemand nicht zu schätzen weiß. Es ist schade darum. |

# Johanna von Orléans – Lebenslauf

*Lies genau. Male ein Bild der französischen Nationalheldin.*

Ein Interview mit Johanna von Orléans
(R = Reporter, J = Johanna)

R: Obwohl einige Sie schon kennen, stellen Sie sich bitte kurz vor.

J: Mein Name ist Johanna von Orléans. In meiner Heimat werde ich Jeanne d'Arc genannt. Ich wurde im Jahr 1412, also im Mittelalter, geboren. Ich habe in Frankreich gelebt. Ich stammte aus einer wohlhabenden Bauernfamilie.

R: In Frankreich werden Sie ja noch immer als Nationalheldin verehrt. Und das, obwohl Sie nur 19 Jahre alt wurden und schon lange tot sind. Erklären Sie uns bitte kurz, woher das kommt.

J: Das kommt wohl daher, dass ich mich immer für andere Menschen einsetzte. Leuten, die weniger Glück hatten im Leben als ich, habe ich geholfen.

R: Dass Sie wohltätig waren, habe ich auch gehört. Aber könnte Ihr Ruhm nicht auch damit zusammenhängen, was Sie im Krieg zwischen Frankreich und England gemacht haben? Erzählen Sie mal!

J: Ja, wahrscheinlich auch. Zweimal musste ich miterleben, wie unser kleines Dorf von den Engländern zerstört wurde. Als ich 13 Jahre alt war, hörte ich plötzlich Stimmen, die mir sagten, ich sollte Frankreich vor seinen englischen Feinden retten. Und das habe ich dann getan.

R: Wie haben Sie das geschafft?

J: Damit mich die französischen Truppen unterstützten, musste ich mir eine List ausdenken. Welcher Soldat folgte damals schon einer Frau? Also verkleidete ich mich als Soldat und kämpfte erfolgreich für mein Land. Ich habe es geschafft, den Franzosen wieder Mut zu machen.

# Johanna von Orléans – Detektivaufgaben

*Fülle den Steckbrief aus.*

Name:

Beruf:

Geburtsjahr:

Geburtsort/Geburtsland:

Besondere Leistungen:

*Bearbeite die Detektivaufgaben.*

1. Wie wird Johanna von Orléans in Frankreich genannt?

2. Warum wurde Johanna berühmt und wird noch heute verehrt?

Johanna von Orléans wurde von den Engländern gefangen genommen und zum Tode verurteilt. Etwa 500 Jahre später wurde sie von der katholischen Kirche zu einer Heiligen ernannt.

Erkläre das Wort „wohltätig“. Du kannst auch ein Wörterbuch oder das Internet zu Hilfe nehmen.

# Johanna von Orléans – Zeitzeugen

Es findet ein Verhör statt. Zeitzeugen machen ihre Aussagen.

*Lies genau und entscheide,*
*ob die Aussage Wahrheit (W) oder Lüge (L) ist.*
*Schreibe das Lösungswort auf.*

| | **W** | **L** |
|---|---|---|
| Johanna stammte aus einer Kaufmannsfamilie. | O | J |
| Sie lebte im Mittelalter. | E | L |
| Johanna war Engländerin. | B | A |
| Johanna wurde nur 19 Jahre alt. | N | S |
| Sie kämpfte im französisch-englischen Krieg für Frankreich. | N | E |
| Sie verkleidete sich als Mann. | E | F |

**Lösungswort:** ______________________________

*Denke dir Fragen aus, die du Johanna stellen würdest.*
*Sie müssen mit „Ja“ oder „Nein“ beantwortet werden können.*

| | **J** | **N** |
|---|---|---|
| | | |
| | | |
| | | |
| | | |

# Malala Yousafzai – Lebenslauf

*Lies genau. Male ein Bild von Malala bei der Preisverleihung.*

Sie war fast noch ein Kind, als sie im Jahr 2014 mit 17 Jahren den Friedensnobelpreis erhielt – eine der wichtigsten und höchsten Auszeichnungen unserer Zeit.

Ihr Name ist Malala. Malala Yousafzai. Sie wurde 1997 in Pakistan geboren. Sie hat in ihrem Leben schon viel erlebt.

Malala ist ein ganz normales Mädchen aus Pakistan, das einfach nur zur Schule gehen wollte. Nichts Besonderes, denkst du? Oh doch! Es gibt viele Länder, in denen Kinder nicht zur Schule gehen können.

Als in Pakistan die radikale Gruppe der Taliban die Macht ergriff, wurde allen Mädchen im Land verboten, in die Schule zu gehen.

Dagegen wehrte sich Malala. Sie wollte weiterhin lernen. Ihr Vater unterstützte sie dabei. So ging sie weiterhin zur Schule und forderte andere Mädchen auf, es genauso zu machen. Seit sie elf Jahre alt war, verfasste Malala heimlich unter einem falschen Namen ein Internettagebuch auf der Website eines englischen Fernsehsenders. Darin informierte sie die Menschen, was in ihrer Heimat geschah. Das sorgte für Aufsehen und schließlich wurde ihr echter Name bekannt.

Weil sie sich für die Bildung von Mädchen einsetzte, verübten die Taliban im Jahr 2012 einen Angriff auf Malala. Dabei wurde sie schwer verletzt. Malala überlebte und lebt heute mit ihrer Familie in England. Dort ist sie sicher.

Malala setzt sich auch heute weiterhin für Kinderrechte ein. Seit 2017 ist sie Friedensbotschafterin der Vereinten Nationen. Die Vereinten Nationen ist der Name einer Organisation von Staaten. Fast alle Staaten der Welt sind dabei Mitglied. Den Frieden zu sichern, die Menschenrechte zu schützen und die Zusammenarbeit der Menschen auf der Welt zu verbessern, sind die Ziele der Vereinten Nationen. Der englische Name der Organisation heißt „United Nations Organization“. Deswegen werden die Vereinten Nationen auch oft kurz UN oder UNO genannt.

# Malala Yousafzai – Detektivaufgaben

*Fülle den Steckbrief aus.*

Name:

______________________________

______________________________

Beruf:

______________________________

______________________________

Geburtsjahr:

______________________________

Geburtsort/Geburtsland:

______________________________

______________________________

Besondere Leistungen:

______________________________

______________________________

______________________________

*Bearbeite die Detektivaufgaben.*

1. Wer durfte in Malalas Heimatland Pakistan nicht zur Schule gehen?

______________________________

2. Wofür setzte sich Malala ein?

______________________________

______________________________

______________________________

3. Was denkst du über Malalas bekannten Satz?

______________________________

______________________________

______________________________

Ein bekannter Satz von Malala lautet: „Ein Kind, ein Lehrer, ein Buch und ein Stift können die Welt verändern."

# Malala Yousafzai – Zeitzeugen

*Beantworte die Fragen.*

Wie gelangte Malalas Anliegen an die Öffentlichkeit?

Welche Auszeichnung erhielt Malala mit nur 17 Jahren?

Wo lebt Malala heute?

Für welche Organisation ist Malala Friedensbotschafterin?

Was sind die Ziele der Vereinten Nationen?

# Astrid Lindgren – Lebenslauf

*Lies genau. Male eine von Astrid Lindgrens Buchfiguren.*

An einem Wintertag im Jahr 1941 saß Astrid Lindgren bei ihrer siebenjährigen kranken Tochter Karin am Bett. Astrid Lindgren dachte sich eine Geschichte aus und erzählte sie ihrer Tochter. So erfand Astrid Lindgren die berühmte Buchfigur Pippi Langstrumpf.

Sie schrieb die Geschichten später auf. Eine Kopie davon schickte Astrid an einen schwedischen Verlag, um ein Buch daraus machen zu lassen. Doch der Verlag interessierte sich nicht für die Geschichte. Erst der zweite Verlag, an den Astrid die Geschichte schickte, druckte sie. Dann wurde Pippi Langstrumpf auf der ganzen Welt berühmt.

Astrid Lindgren schrieb viele weitere Bücher, wie zum Beispiel „Karlsson vom Dach“, „Ronja Räubertochter“, „Brüder Löwenherz“, „Michel aus Lönneberga“ oder die „Kinder aus Bullerbü“. In manchen Geschichten kommen auch Erlebnisse aus ihrem eigenen Leben vor. Ihre Bücher sind auf der ganzen Welt so beliebt, dass sie in 101 verschiedene Sprachen übersetzt wurden. Viele ihrer Geschichten gibt es auch als Filme.

Astrid Lindgren wurde 1907 in Smaland in Schweden geboren. Sie wurde 94 Jahre alt. In ihren mutigen und lustigen Hauptdarstellern lebt sie bis heute weiter.

# Astrid Lindgren – Detektivaufgaben

*Fülle den Steckbrief aus.*

Name:

______________________

______________________

Beruf:

______________________

______________________

Geburtsjahr:

______________________

Geburtsort/Geburtsland:

______________________

______________________

Besondere Leistungen:

______________________

______________________

______________________

*Bearbeite die Detektivaufgaben.*

1. Wie entstand die Figur der Pippi Langstrumpf?

______________________

______________________

2. Was macht ein Verlag?

______________________

______________________

3. Welche Bücher von Astrid Lindgren kennst du noch?

______________________

______________________

______________________

Astrid Lindgren hat für ihre Kinderbücher viele Auszeichnungen und Preise erhalten.

# Astrid Lindgren – Zeitzeugen

Welche Informationen über Astrid Lindgren stimmen?

*Kreuze die richtigen Antworten an.*
*Schreibe das Lösungswort auf.*

| | | |
|---|---|---|
| 1. Astrid Lindgren war eine berühmte | Ärztin. | A |
| | Wissenschaftlerin. | G |
| | Kinderbuchautorin. | L |
| 2. Sie kam aus | Schweden. | E |
| | Norwegen. | S |
| | der Schweiz. | A |
| 3. Eine ihrer Geschichten heißt | Rainer Räubersohn. | N |
| | Rita Reiterin. | I |
| | Ronja Räubertochter. | S |
| 4. Karin ist der Name ihrer | Schwester. | A |
| | Tochter. | E |
| | Mutter. | M |
| 5. Astrids Bücher gibt es in vielen | Sprachen. | N |
| | Farben. | E |
| | Jahren. | B |

Lösungswort:

| 1. | 2. | 3. | 4. | 5. |
|---|---|---|---|---|
| | | | | |

# Joanne K. Rowling – Lebenslauf

*Lies genau. Male ein Bild des berühmten Zauberlehrlings.*

Sie ist eine der erfolgreichsten Autorinnen der Welt. Mit der Erfindung der Geschichte des Zauberschülers Harry Potter wurde sie weltberühmt und sehr reich. Die Bücher wurden in 67 verschiedene Sprachen übersetzt.

Joanne K. Rowling wurde am 31. Juli 1965 in England geboren. Schon als Kind schrieb sie gerne Geschichten. Sie studierte und arbeitete als Lehrerin und als Büroangestellte.

Im Jahr 1993 brachte Joanne K. Rowling ihre erste Tochter zur Welt. Sie zog ihre Tochter allein auf und hatte nur wenig Geld. In dieser Zeit arbeitete sie schon an ihrem ersten Harry-Potter-Buch. Die Idee für die Geschichte hatte sie wohl während einer Zugfahrt.

Die fertige Geschichte schickte sie an mehrere Verlage. Aber zuerst wollte kein Verlag die Geschichte drucken. Schließlich druckte ein Verlag das Buch in einer kleinen Menge. Das änderte sich jedoch schnell. Denn schon nach kurzer Zeit war Harry Potter weltbekannt und sehr beliebt. Heute gibt sieben Bände. Diese wurden auch alle verfilmt.

# Joanne K. Rowling – Detektivaufgaben

*Fülle den Steckbrief aus.*

Name:

______________________

______________________

Beruf:

______________________

______________________

Geburtsjahr:

______________________

Geburtsort/Geburtsland:

______________________

______________________

Besondere Leistungen:

______________________

______________________

______________________

*Bearbeite die Detektivaufgaben.*

1. Wodurch wurde Joanne K. Rowling bekannt?

______________________

2. In wie viele Sprachen wurden die Bücher übersetzt?

______________________

______________________

3. Was war besonders an einer Zugfahrt, die Joanne machte?

______________________

______________________

Joanne K. Rowling lebt heute in Schottland.

# Joanne K. Rowling – Zeitzeugen

Beim Drucken eines Buches sind ein paar Wörter verlorengegangen.

*Finde im Wortgitter zehn Wörter, die etwas mit Joanne K. Rowlings Leben zu tun haben.*

*Kreise sie ein und schreibe sie auf.*

| S | C | H | O | T | T | L | A | N | D | I | N | Z | Y | S | S | D | Z |
|---|---|---|---|---|---|---|---|---|---|---|---|---|---|---|---|---|---|
| G | R | U | I | V | H | A | B | R | Y | Y | A | S | W | E | Z | U | A |
| P | Ü | M | N | B | H | I | S | S | X | H | A | R | R | Y | B | G | U |
| Y | X | X | C | D | S | F | G | E | W | Q | T | U | Z | I | O | O | B |
| S | D | F | Z | U | G | F | A | H | R | T | H | R | U | Z | I | O | E |
| L | Y | U | Z | Z | R | E | W | Q | I | V | G | H | V | E | C | J | R |
| E | Y | W | W | M | R | T | Z | U | I | O | O | P | Ü | R | O | Z | S |
| H | X | E | D | E | R | G | B | B | G | H | N | J | M | F | K | C | C |
| R | A | L | S | X | D | E | W | Q | Q | T | Z | I | O | O | K | I | H |
| E | S | T | A | U | T | A | U | T | O | R | I | N | Z | L | Ö | P | Ü |
| R | E | B | Y | A | D | F | G | T | Z | U | I | I | O | G | Ä | H | L |
| I | R | E | A | Y | D | F | G | H | U | I | O | P | P | Ü | V | A | E |
| N | T | K | V | E | R | L | A | G | E | X | F | V | B | M | V | N | R |
| M | T | A | Q | E | R | U | I | O | P | M | I | N | H | G | F | A | Z |
| M | T | N | A | A | F | I | S | M | A | W | L | S | F | G | D | X | T |
| K | F | N | W | Z | U | I | O | B | G | F | M | E | R | B | D | S | R |
| L | R | T | Y | A | Q | Y | C | F | F | H | J | K | K | I | F | S | Q |

# Mark Zuckerberg – Lebenslauf

*Lies genau. Male ein Bild der Familie Zuckerberg.*

Das bekannte soziale Netzwerk Facebook®[3], auf dem Menschen über das Internet mit anderen in Kontakt kommen können, wurde von Mark Zuckerberg erfunden. Er wurde 1984 in den USA geboren. Mark wuchs mit drei Geschwistern auf und studierte an der Harvard Universität Psychologie und Informatik.

Im Jahr 2004 gründete Mark Zuckerberg zusammen mit seinen drei Mitstudenten Dustin Moskovitz, Chris Hughes und Eduardo Saverin die weltbekannte Internetplattform. Das soziale Netzwerk war auf der ganzen Welt sehr erfolgreich.

Allerdings haben solche sozialen Netzwerke wie Facebook® auch Nachteile. Vor allem viele Kinder und Jugendliche verraten im Internet oft sehr viele Informationen über sich, zum Beispiel Namen und Adressen oder sie laden Fotos hoch, sodass sie jeder sehen kann. Das kann gefährlich sein und es ist wichtig, vorher genau zu überlegen, was man im Internet veröffentlichen möchte. Außerdem gibt Facebook® selbst Informationen über Mitglieder an andere Firmen weiter, zum Beispiel damit diese Unternehmen Werbung für sich machen können. Deswegen erhält das soziale Netzwerk auch immer wieder Kritik zum Thema Datenschutz.

Durch Facebook® ist Mark Zuckerberg sehr reich geworden. Einen Teil seines Vermögens spendet er für gute Zwecke. So unterstützt er zum Beispiel Schulen und Bildungsprojekte.

[3] Dieses Symbol bedeutet, dass dieses soziale Netzwerk als eigene Marke geschützt ist.

# Mark Zuckerberg – Detektivaufgaben

*Fülle den Steckbrief aus.*

Name:

Beruf:

Geburtsjahr:

Geburtsort/Geburtsland:

Besondere Leistungen:

*Bearbeite die Detektivaufgaben.*

1. Mit wem lebt Mark Zuckerberg in Kalifornien?

2. Wofür spendet er einen Teil seines Geldes?

3. Warum ist es wichtig, eigene Daten im Internet zu schützen?

Heute lebt Mark Zuckerberg mit seiner Frau und seinen beiden Kindern in Kalifornien.

# Mark Zuckerberg – Zeitzeugen

Über den Gründer des bekannten sozialen Netzwerkes gibt es viele Informationen im Internet. Doch was stimmt?

*Kreuze die richtigen Antworten an.*
*Schreibe das Lösungswort auf.*

1. Welcher Name steht mit dem sozialen Netzwerk Facebook® in Zusammenhang?

| | |
|---|---|
| **TAU** | Mark Schokokuchen |
| **HUN** | Mark Gummibärchen |
| **ZWEI** | Mark Zuckerberg |

2. Von wie vielen Personen wurde das Netzwerk gegründet?

| | |
|---|---|
| **TAUS** | Vier |
| **DERT** | Eine |
| **SEND** | Fünf |

3. Wofür wird das soziale Netzwerk häufig kritisiert?

| | |
|---|---|
| **UND** | Menschen auf der ganzen Welt miteinander zu vernetzen |
| **END** | Die Daten der Mitglieder nicht ausreichend zu schützen |
| **VIER** | Viele Musikvideos abzuspielen |

4. Wofür spendet Mark Zuckerberg einen Teil seines Geldes?

| | |
|---|---|
| **ZEHN** | Für seine Nachbarn |
| **DREI** | Für den Datenschutz |
| **VIER** | Für Schulen und Bildungsprojekte |

Lösung: Facebook® gibt es seit dem Jahr ______________________.

# Bildquellenverzeichnis

**Seite 5:**
Thomas Alva Edison: by Louis Bachrach (ca. 1922), Public Domain, via Wikimedia Commons (https://de.wikipedia.org/wiki/Thomas_Alva_Edison#/media/File:Thomas_Edison2.jpg, Stand 22.01.2019)

**Seite 8:**
Ole Kirk Christiansen: by Trainwo (2018), Creative Commons Attribution-ShareAlike 4.0 International (CC BY-SA 4.0), via Wikimedia Commons (https://en.wikipedia.org/wiki/Ole_Kirk_Christiansen#/media/File:27649095-f9bea7e4accb1ff50344c0593f98c7c7.jpg, Stand 22.01.2019)

**Seite 11:**
Leonardo da Vinci © Georgios Kollidas – shutterstock.com

**Seite 12:**
Eineuromünze Italien © kavalenkava – shutterstock.com

**Seite 13:**
Mona Lisa © Oleg Golovnev – shutterstock.com

**Seite 14:**
Johannes Gutenberg: Autor unbekannt (2004), Public Domain, via Wikimedia Commons (https://en.wikipedia.org/wiki/Johannes_Gutenberg#/media/File:Gutenberg.jpg, Stand 22.01.2019)

**Seite 17:**
Margarete Steiff: *2412777 © picture-alliance/dpa/Fa. Steiff

**Seite 20:**
Graf Ferdinand von Zeppelin: by Nicola Perscheid (1917), Creative Commons Attribution-ShareAlike 3.0 Unported (CC BY-SA 3.0), via Wikimedia Commons (https://de.wikipedia.org/wiki/Ferdinand_von_Zeppelin#/media/File:Bildnis_Ferdinand_von_Zeppelin.png, Stand 22.01.2019)

**Seite 23:**
Neil Armstrong © NASA 1969 (https://www.nasa.gov/topics/people/galleries/armstrong_june1969.html, Stand 04.02.2019)

**Seite 26:**
Marie Curie: by Fotograv. – Generalstabens Litografiska Anstalt Stockholm (1911), Public Domain, via Wikimedia Commons (https://commons.wikimedia.org/wiki/Maria_Sk%C5%82odowska-Curie#/media/File:Marie_Curie_(Nobel-Chem).jpg, Stand 22.01.2019)

**Seite 29:**
Charles Darwin: by Elliott & Fry (1881), Public Domain, via Wikimedia Commons (https://commons.wikimedia.org/wiki/Charles_Darwin#/media/File:Charles_Darwin_1880.jpg, Stand 22.01.2019)

**Seite 32:**
Albert Einstein: by Orren Jack Turner (1947), Public Domain, via Wikimedia Commons (https://simple.wikipedia.org/wiki/Albert_Einstein#/media/File:Albert_Einstein_Head.jpg, Stand 22.01.2019)

**Seite 35:**
Galileo Galilei © vkilikov – shutterstock.com

# Bildquellenverzeichnis

**Seite 38:**

Edmund Hillary & Tenzing Norgay: by Jamling Tenzing Norgay (1953), Creative Commons Attribution-ShareAlike 3.0 Unported (CC BY-SA 3.0), via Wikimedia Commons (https://de.wikipedia.org/wiki/Tenzing_Norgay#/media/File:Edmund_Hillary_and_Tenzing_Norgay.jpg, Stand 22.01.2019)

**Seite 41:**

Christoph Kolumbus © Everett Historical – shutterstock.com

Ankunft des Kolumbus in Südamerika © Everett Historical – shutterstock.com

**Seite 44:**

Wilhelm Conrad Röntgen: Autor unbekannt (1900), Public Domain, via Wikimedia Commons (https://de.wikipedia.org/wiki/Wilhelm_Conrad_R%C3%B6ntgen#/media/File:Roentgen2.jpg, Stand 22.01.2019)

**Seite 47:**

Henry Dunant: Autor unbekannt (1850–1860), Public Domain, via Wikimedia Commons https://de.wikipedia.org/wiki/Henry_Dunant#/media/File:Henry_Dunant-young.jpg, Stand 22.01.2019)

**Seite 50:**

Queen Elisabeth II.: by Joel Rouse/Ministry of Defence (2015), Original bearbeitet von nagualdesign, Open Government Licence v3.0 (OGL v.3), via Wikimedia Commons (https://de.wikipedia.org/wiki/Elisabeth_II.#/media/File:Queen_Elizabeth_II_in_March_2015.jpg, Stand 22.01.2019)

**Seite 53:**

Martin Luther © Everett Historical – shutterstock.com

**Seite 56:**

Johanna von Orléans © amadeustx – shutterstock.com

**Seite 59:**

Malala Yousafzai: by Simon Davis/DFID (UK Department for International Development) (2015), Creative Commons Attribution 2.0 Generic (CC BY 2.0), via Wikimedia Commons (https://en.wikipedia.org/wiki/Malala_Yousafzai#/media/File:Malala_Yousafzai_2015.jpg, Stand 22.01.2019)

**Seite 62:**

Astrid Lindgren © Roine Karlsson

**Seite 63:**

Astrid Lindgren: Pippi Langstrumpf © Verlag Friedrich Oetinger, Hamburg

**Seite 65:**

Joanne K. Rowling: by Daniel Ogren (2010), Creative Commons Attribution 2.0 Generic (CC BY 2.0), via Wikimedia Commons (https://de.wikipedia.org/wiki/Joanne_K._Rowling#/media/File:J._K._Rowling_2010.jpg, Stand 22.01.2019)

**Seite 68:**

Mark Zuckerberg: by Anthony Quintano (2018), Creative Commons Attribution 2.0 Generic (CC BY 2.0), Wikimedia Commons (https://de.wikipedia.org/wiki/Mark_Zuckerberg#/media/File:Mark_Zuckerberg_F8_2018_Keynote_(cropped).jpg, Stand 22.01.2019)